ネコになってしまえばいい

性格リフォーム心理カウンセラー
心屋仁之助

廣済堂出版

はじめに

ネコみたいに生きられたら、ラクだろうなぁ。

ネコはネコなりに悩みはあるのかもしれないけど、
寝たいときに寝て、
遊びたいときに遊んで、
飼い主を無視しても、
出されたご飯にプイッとしても、
怒られるどころか、機嫌をとってもらえたりする。
好き勝手、自由気ままに生きて、そのまんまで愛される。

じゃあ、僕らもそうすればいいじゃない。

なーんて思っても、なかなかそうはいかないもので……。

こんなことして、いいのかな？
こんなこと言ったら、嫌われちゃうかな？
これもしないと、まずいよね……。
これはやめるわけにいかないし……。

僕らは、周りの目を気にしすぎて、ついつい自分を抑え込む。
それは、いつしかストレスになって、
心や体を蝕《むしば》んでしまう。

だから、ネコみたいになってしまいたい。

でも、あんなにかわいいネコだって、

みんなに好かれるわけじゃない。
ネコは怖いって人もいるし、
愛想がある犬のほうが好きって人もいる。
ネコが大好きなのに、
ネコアレルギーで近寄れない、なんて人もいる。

そう。

「好きな人からは、好かれる」

「嫌いな人からは、嫌われる」

ただ、それだけのこと。

ネコは好きに生きているだけ。
それを、好きな人と、
嫌う人と、
近寄れない人と、
関心のない人がいる。

ただ、それだけのこと。

僕たちも、みんなから好かれるように努力しても、
嫌われないように努力しても、
好かれるときは好かれるし、嫌われるときは嫌われる。
好かれたくて一生懸命に我慢しても、好かれないこともある。
嫌われてもいいやって思ってみたら、好かれるときもある。
すべては「相手」が決めること。
あれこれ悩んだって仕方ない。

それならば、もう、
わがままに。
自由に。
やりたいことをやって。
やりたくないことはやめて。

ネコのようになってしまえばいい。
いや、
ネコになってしまえばいい！

本書は、ちょっと最近しんどいなと思っている人、癒されたいなと思っている人の心がラクになって、いつの間にか笑顔になれるようなメッセージを紹介しました。
みんなが本書の中のネコのように、自由に、わがままに、軽やかに生きられますように。

にゃお。

２０１６年９月吉日

心屋仁之助

ネコになってしまえばいい——目次

第I章
もっと自由になってもいい

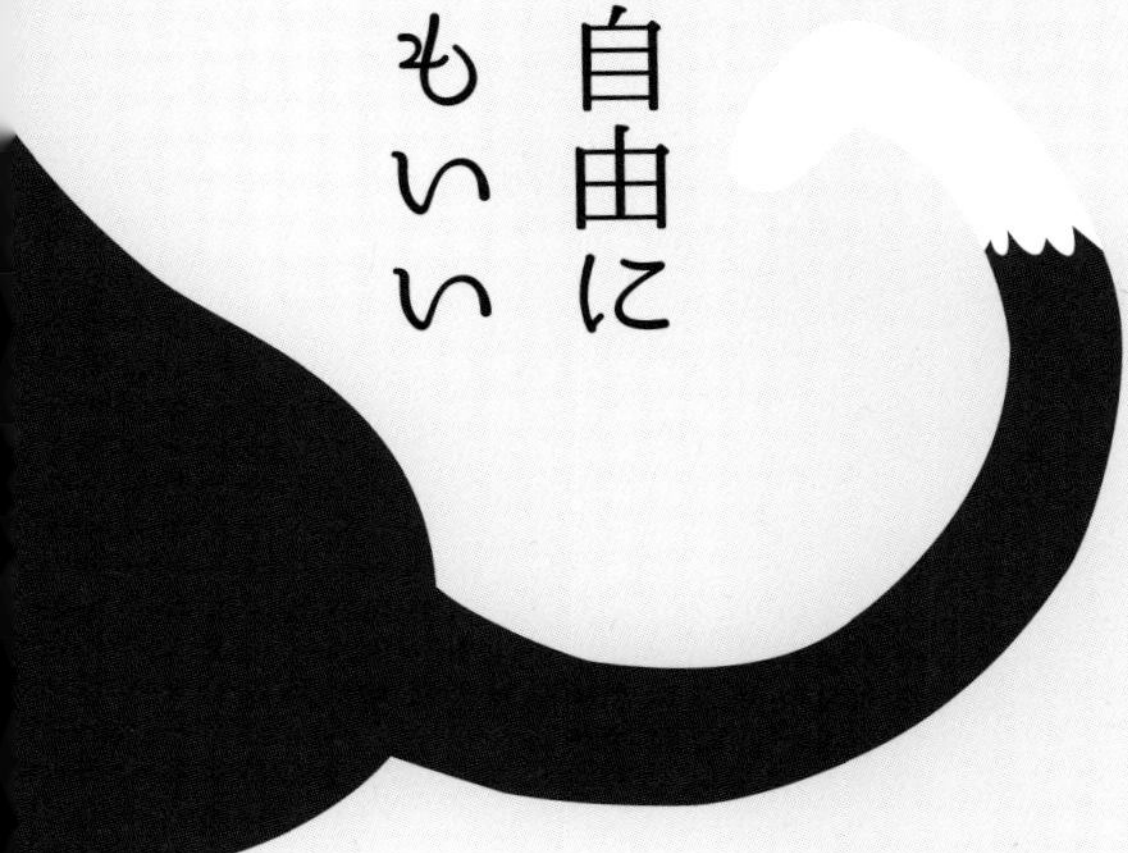

本当のあなたは、自分が思うより、100万倍は、すごいんだから。

もしあなたが「どうせ私はダメなんだ」って思っているなら大間違い。
本当のあなたは、ものすごいんだから。
それを阻《はば》むのは「そんなはずない」って否定するあなたの気持ち。
100万倍の魅力を抑え込んでるなんて、もったいない！

自分を大事にすることが、
幸せになるための、いちばんの近道。

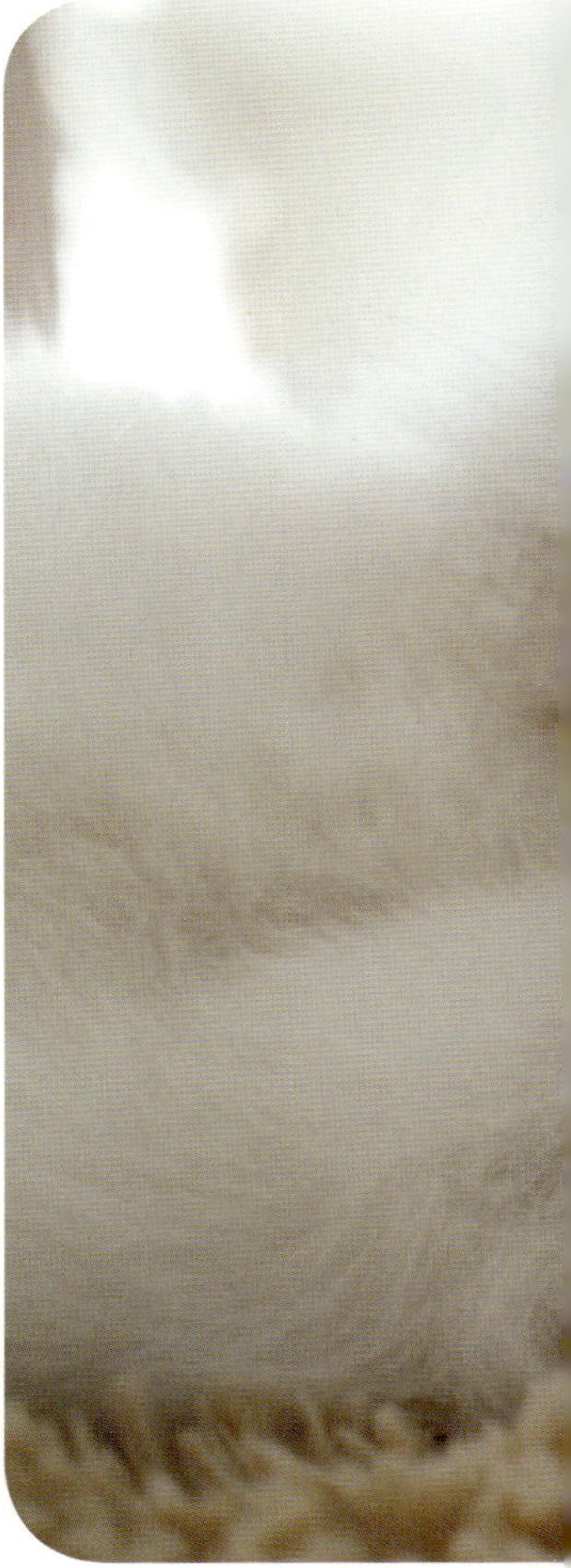

結局、動いた人だけが、変わる。
動けるときは、くる。
あせるな。

今、お金がないとしたら、
自分はお金がもらえない人って、
信じてるってこと。
今、うまくいってないとしたら、
自分はうまくいかない人って、
信じてるってこと。

信じてるものを変えない限り、
現実は変わらない。
でも、信じてるものを変えたら、
現実はがらっと変わる。

あのね、
ハワイは、日本に来ないよ？
だから、
〝わざわざ〟行くんだよ。
待ってるだけじゃ、
どこへも行けない。
何も変わらないってこと。

私って、すごいなぁ！

人から「すごい」って言われなければ、自分をそう思えないなんておかしい。
逆だよ、逆。
自分が認めることが先。
根拠なんてなくても、
「私ってすごいなぁ」って言い続けてたらいいんだよ。

「あの人、ゲスだね〜」それは最高の褒《ほ》め言葉！

ゲスって、不自由に生きている人が、
自由に生きている人をディスる言葉。
「あの人、ゲスだね」って言いたいときは、
「あの人って、自由で楽しそうだな」って
思っていることと同じ。
うらやましいんだね。

心のキズの主成分は、
「思い込み」と「勘違い」。
それに気づいたら、
笑うしかない。

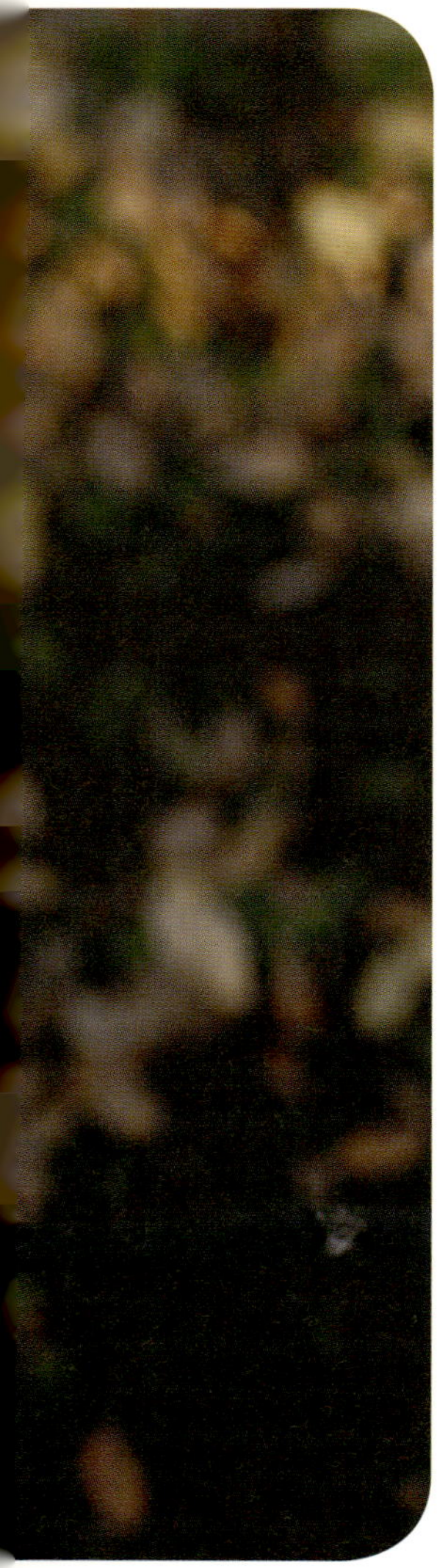

わかったフリして、
スカして、
拗《す》ねて、
冷めている……。
そんな「外野人生」から、
早く出ておいで。

人生に「ミラクル」を起こす方法。

それは、自分が
「想像をしたこともない」

「選んだこともない」

「ありえないと思っている」

行動をしてみるということ。

自分のパターンを崩してみたり、
損するほうを選んでみると、
想像をはるかに超える
「ありえない」ミラクルがやってくる。

「幸せもどき」は、やめちゃおう！

本当は冷たいのに、優しいふりをしたり、
本当はデキないのに、デキるふりをしたり、
本当は怠け者なのに、働き者のふりをしたり、
本当は怒っているのに、平気なふりをしたり、
本当は優しいのに、悪い人のふりをしたり……。
自分をごまかして生きてたら、幸せにはなりにくい。
「幸せもどき」は手に入れられるかもしれないけど、ね。

「人に依存するな、自立しろ」と言う人は、
「自立すること」に依存している。

楽しいフリするの、やめよう！
ブスっとしてても、大丈夫！

人の期待なんて、
背負わなくていい。
自分の好きなことだけ、
やればいいんだよ。

がんばらなくても、
何もできなくても、
役に立たなくても、大丈夫。
どっちにしたって、
どうせ、
あなたは愛されているから。

今、この瞬間！
自分のことをぎゅーっと
抱きしめてみて。
できない自分を、
ダメな自分を、
ぎゅーっと抱きしめてみて。

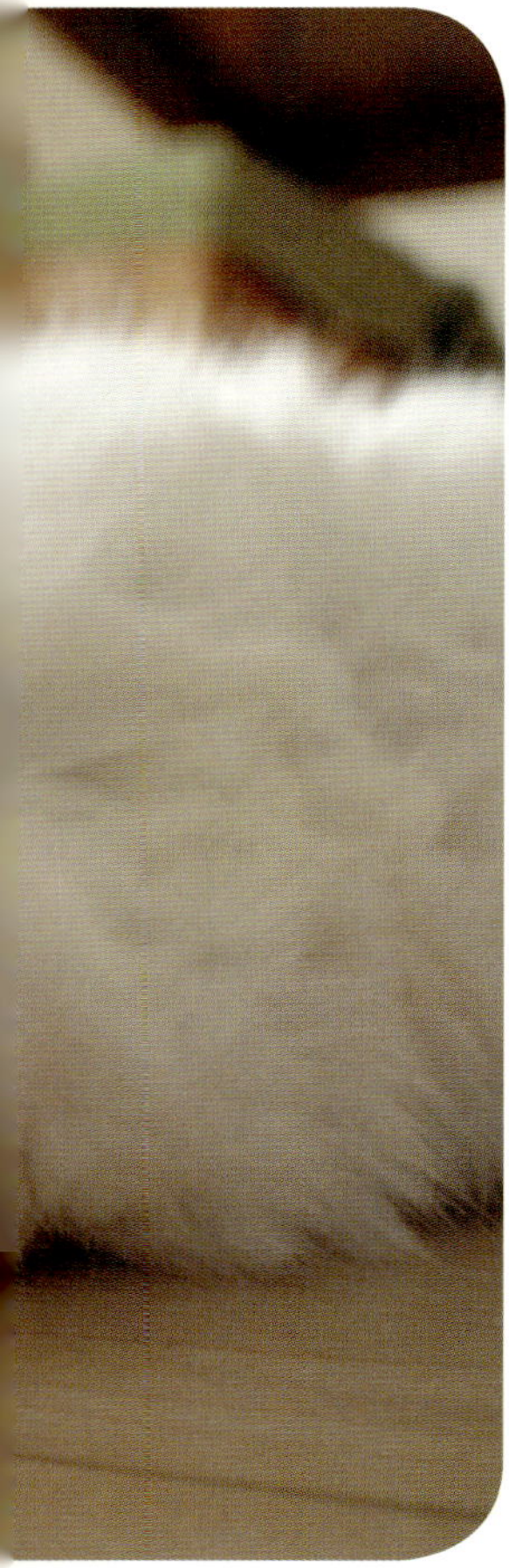

口ごたえしたら、
上司に怒られるかも。
こんな格好したら、
友だちに笑われるかも。
料理上手じゃないと、
彼に嫌われるかも。

こんなふうに思うのは、
「人目」を気にしているから。
人の目って、
実は、親の目。

「もっと、しっかりしなさい」
「そんなことしたら、
みんなに笑われるわよ」
そう言われて育ったんだから、
世間様を気にするのは仕方ない。

でも、大丈夫。
そろそろ、やめよう。
「親目」を気にするのは、
もうおやめ。

がんばることも、
人に迷惑をかけないようにすることも、
それは、他人と自分を
信用してないということ。

風は、自然に起こるもの。
自然に任せて、流れに任せて。
心も、そう。
自然に任せて、流れに任せて、心のままに。
心を、風のようにして、生きればいい。
心が、風になる。
抵抗しないで、がんばらないで、
軽やかに、なすがままに生きる。

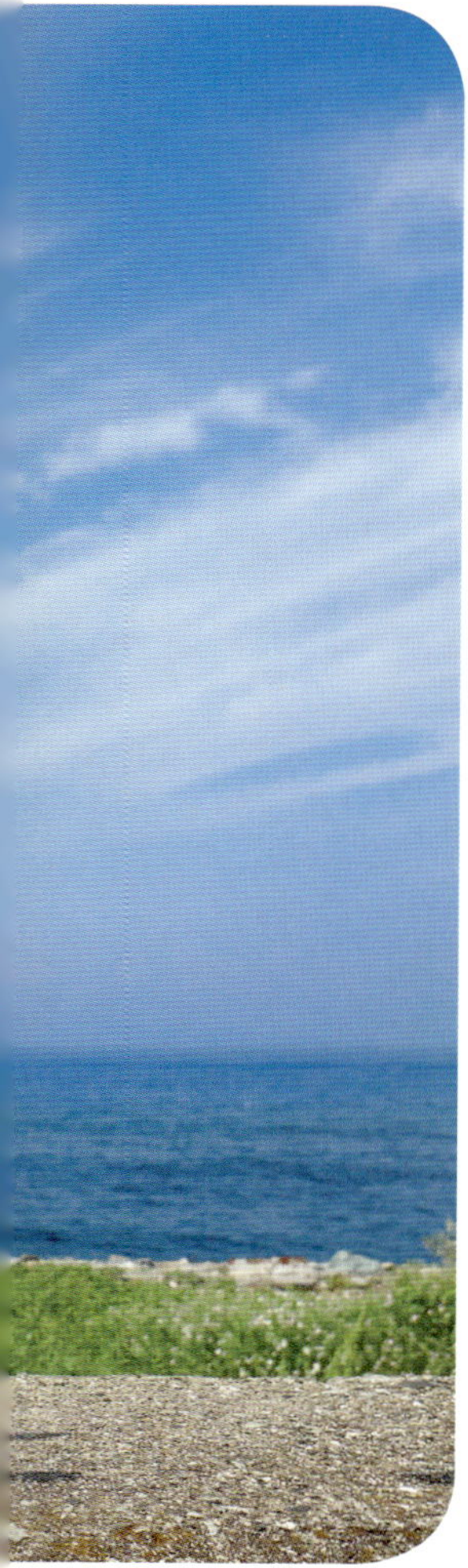

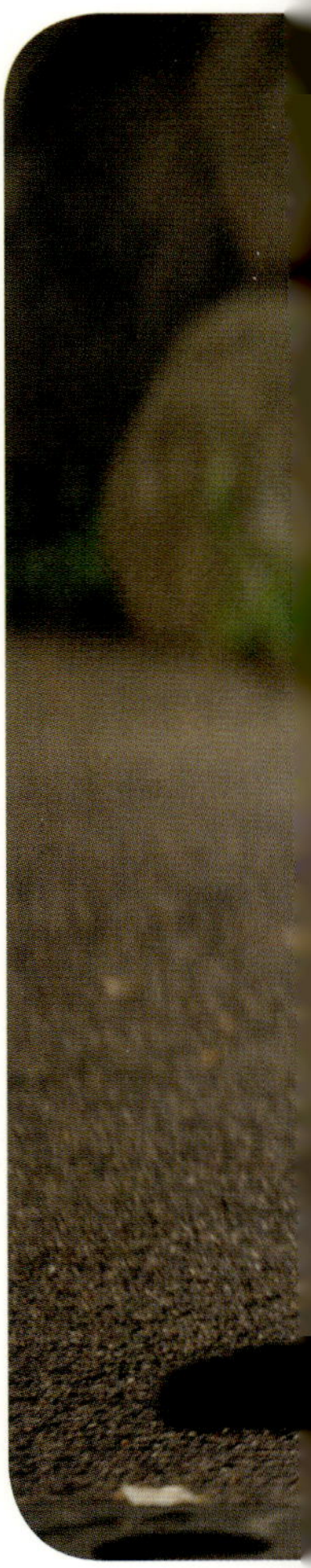

周りの人に、感謝。
周りのものに、感謝。
それ以上に、
今日まで生きてきた「私」に感謝。

「がんばらないと、認められない」それ、ウルトラスーパー勘違い。

「がんばる」には2種類ある。
「チャレンジしよう」というがんばりと、
「人に認められたい」というがんばり。
前者は試行錯誤も楽しいけれど、
後者は、うまくいかないと苦しいし、悲しいし、腹が立つ。
「人に認められたい」がんばりは、
自分は「がんばらないと認められない」って
勘違いをしているだけ。
それって、ウルトラスーパー勘違い。

人の頼みを断れない人は、
自分の頼みを断られると、
いちいち傷つく。
めんどくさいね。

夢中になると、
ネコだってことを忘れる。

第2章

もっとわがままに なってもいい

自分の感情に従い、
素直に、堂々と、好きなことを貫《つらぬ》く。
それがゲスに生きるということ。

その仕事、お断わり。

仕事の依頼や、友だちからのお願いごとを断るのって、とても怖い。
もう仕事を頼まれないかもしれない恐怖。
友だちに嫌われるかもしれない恐怖。
でも、ちゃんと断ってみると、
次の仕事はやってくるし、
友だちにも嫌われない。面白いね。

すべては、自分。

幸せになることも、
豊かになることも、
楽しむことも、
痩《や》せることも、
元気になることも、
魅力的になることも、
成功することも、
認められることも、
愛されることも……。
すべて、人の許可なんて、
いらない。
すべて、自分が許可すれば
いいだけ。

彼の浮気は、あなたが、そう仕向けている……。ということも、ある。

浮気って、「愛されてない」という欠乏感を満たすためにする。
だから彼の浮気は「愛されてる」って証拠集めをしてるようなもの。
でも実は、彼女も彼と同じ欠乏感をもっている。
「また浮気された！　やっぱり私は愛されない女なのね」って再確認したいの。
つまり、愛されない自分を確認したくて、彼に「浮気させる」わけ。
そんなことありえないって？
でも、そうなんです。

なんで、
思い通りにならないの!?
それが、悩みのキホン。

茶トラさんは、ミケさんに言います。

「なんで言う通りにしないのよ！」

「私のほうが正しいんだから！」

ミケさんは、茶トラさんに言います。

「あなたこそ、なんで私の言う通りにしないのよ！」

「私のほうが正しいんだから！」

親子、夫婦、友人、上司部下、赤の他人。

みんな、同じ。

「なんで思い通りにならないんだろう？」

これが悩みの基本です。

笑われる覚悟、怒られる覚悟、
恥をかく覚悟、弱みを見せる覚悟……。

勇気がなければ、そんな覚悟はできない。
だって、プライドや立場、
自由や安全を失うかもしれないんだから。
でも、「損してもいいや」って
覚悟ができた人には、
「得」という「徳」がやってくる。

できんもんは、
できん。

……飲めん。

人は、自分が思っているより、
ずっと素晴らしい。
同時に、自分が思っているより、
ずっとひどい。

恥をかくことを、恐れるな。
ただし、
オレに恥をかかせるな。

「失敗を恐れるな！　恥をかくのを恐れるな！」とオトナは言うけれど、その本音は、「ただし、俺に恥をかかせるな」。

お前が恥をかくのはいいけれど、俺のせいにするのはやめろよな、と。

「オレの顔を汚してこい」

そう言える勇気が大切。

ねえねえ、
なんでそんなに、
人の意見を聞こうとするの？
自分で決めても、大丈夫。
間違ってても、大丈夫。

人に嫌われないように生きていると、
結局、
自分に嫌われていくんです。

ぐだぐだ
細かいこと、
言わんでいい！

いろんな味があって、人生。

トムヤムクンは、甘い、酸《す》っぱい、辛《から》い……。
いろんな味が混ざり合っているから、美味《おい》しい！
人生は、嬉しい、悲しい、切ない、苦しい、楽しい……。
いろんな感情が混ざり合っているから、面白い！

今のボクは、100点満点じゃないけど、
15点しかないけど、幸せだなぁ。
できないこと、イヤなこと、持ってないもの、
貰《もら》えないもの、たくさんあるけど、
でもやっぱり、幸せだなぁ。

いちいち
傷つくな。

いちいち後悔するな。

あなたは、そのままでいい。
あなたは、存在しているだけで、
価値がある。
これが「存在給」。
ちゃんとそれを受け入れたら、
心も懐《ふところ》も豊かになる。

それをしても、
バカにされるし、
笑われるし、
怒られるし、
役立たずだって思われる。

でも、それをしなくても、
バカにされるし、
笑われるし、
怒られるし、
役立たずだって思われる。

だったら、好きにやろうよ。
やりたいように、やろうよ。
大丈夫だから。

「お任せ」してみると、驚きの展開が待っている。だから、笑いながら、待っていよう！

何でも自分ひとりでやろうとすると、
必ず限界がくる。
だから、
周りの人に頼ってみて。
お任せしてみて。
自分では想像もしなかった驚きの展開、
嬉しい展開が待っているから。

どうせ、自分はダメなんだ。
どうせ、自分は愛されてないんだ。
どうせ、自分はこんなもんなんだ。

そんなこと信じるの、
もうやめよう。
それはただの悪夢だから。

「迷惑かけちゃいけない！」
そう思っているあなたを、
「助けたい！」って
思っている人がいること、
忘れないでね。

おっと、気が変わった！
あっちのほうが、楽しそうだ！

第3章
もっと軽やかに
なってもいい

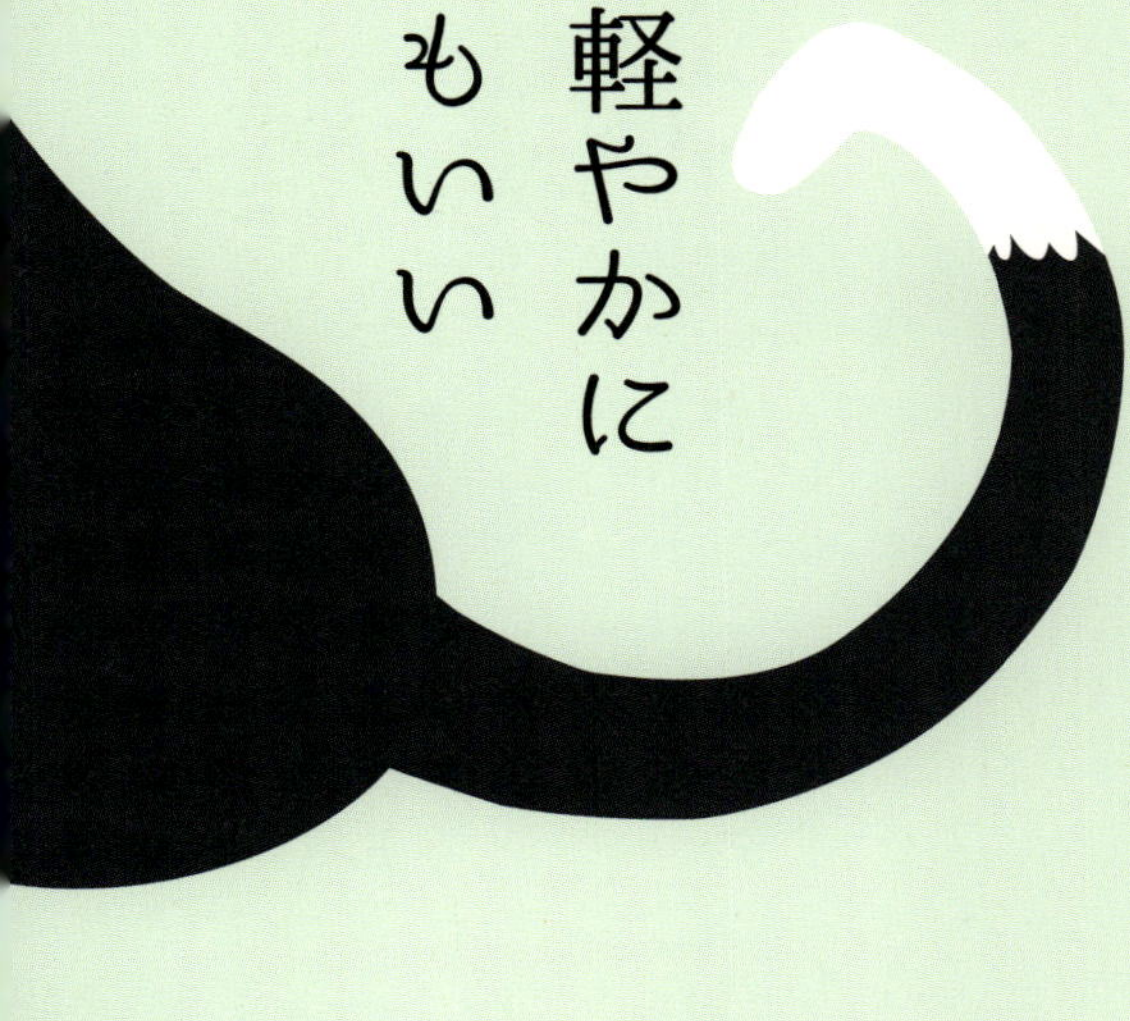

もう一度だけ言う。
がんばるな。
結果を出そうとするな。

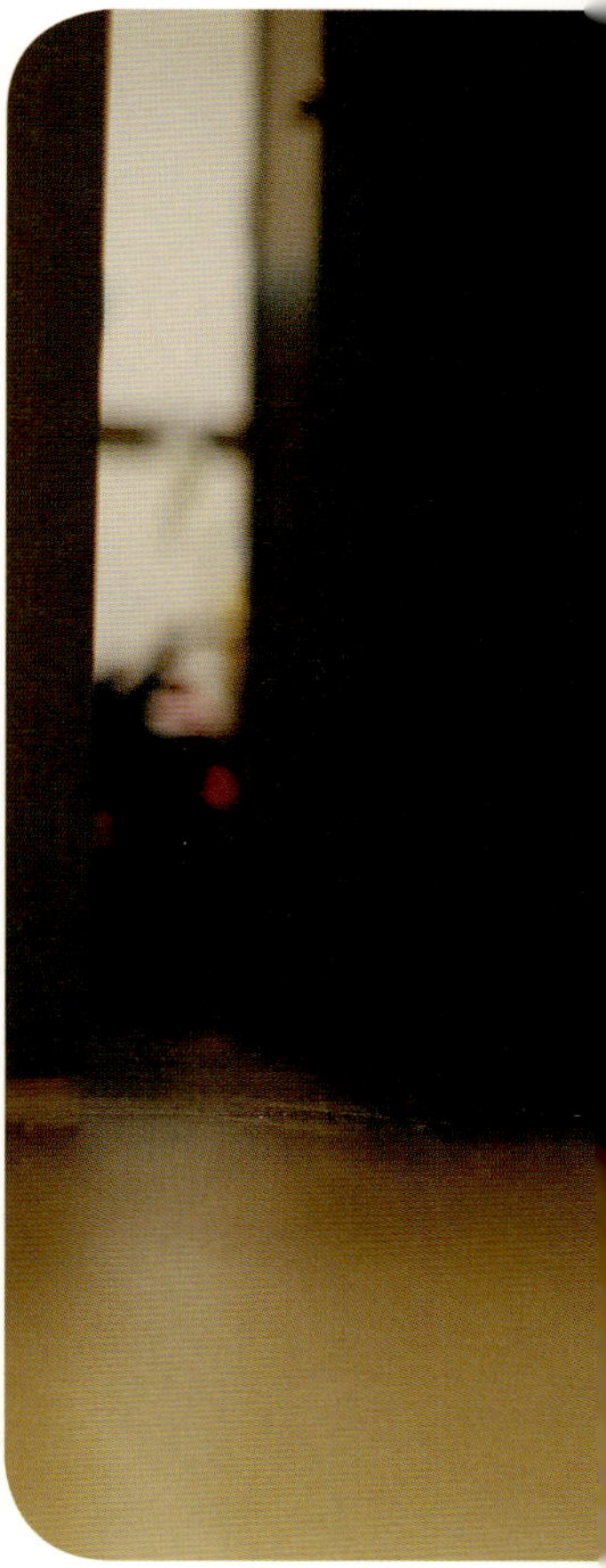

さみしい〜！
かなしい〜！
くそぉ〜！
キライだぁ〜！
イヤだぁ〜！
もうダメだ……（号泣）。

そういう感情を、
思い切り感じよう！
中途半端に我慢するな!!

人に認めてもらうためにやってること、ない？

本当はやりたくないのに、我慢してやる。
本当はやりたいのに、我慢してやらない。
本当は笑いたくないのに、我慢して笑う。
そんなことしても、人は認めてくれないよ。
そんなことしなくても、人は認めてくれる。
だから、もうやめよう。
大丈夫だから、今からやめよう！

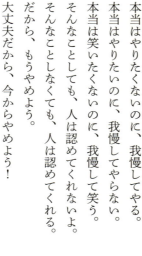

どんどん、人に迷惑をかけよう！

「迷惑をかけちゃいけない」
なんて思わなくていい。
もっと自分のために
手間ヒマかけてもらおう。
もっと自分のために
時間を使ってもらおう。
もっと自分のために
イヤなことも引き受けてもらおう。
相手だって、人の役に立てて
嬉しいんだから。

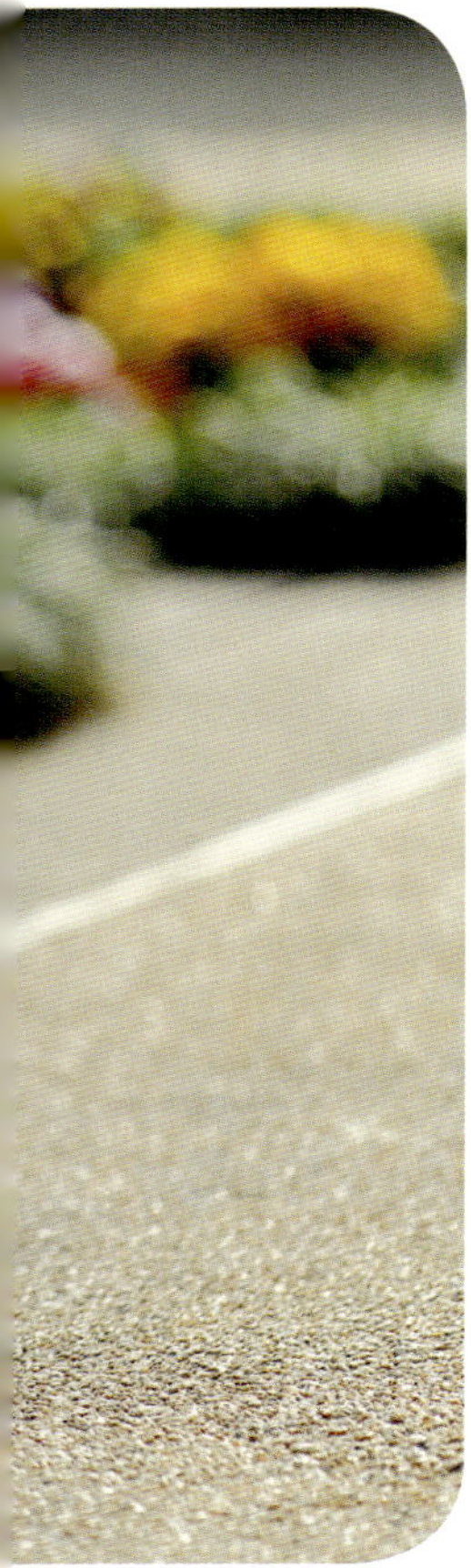

男運がいい人は、男運を気にしない。
金運がいい人は、金運を気にしない。

モテない人ほど、〝モテモテアピール〟をする。
お金がほしい人ほど、儲《もう》けている人をディスる。

……だろ!?

ちゃんと本音を言ったのに、
わかってもらえなかった。
聞いてもらえなかった……。

こんなふうに「結果」にフォーカスせず、
「言えた自分」に、フォーカスしてみて。
「言えた自分」を褒めてあげて。

結婚している人は、結婚することで学び、
結婚しない人は、結婚しないことで学ぶ。

子どもがいる人は、子どもがいることで学び、
子どもがいない人は、子どもがいないことで学ぶ。

ただ、それだけのこと。
良い、悪いの話じゃない。

「常識」という壁を、
ひょいひょいっと越えていこう。

「人の役に立たなければ！」

……と思っている人は、

「自分は、人の役に立てない存在……」

という勘違いをしている人。

FLUFFY

がんばらなくても、
そこにいるだけで、
ちゃんと愛されているよ。

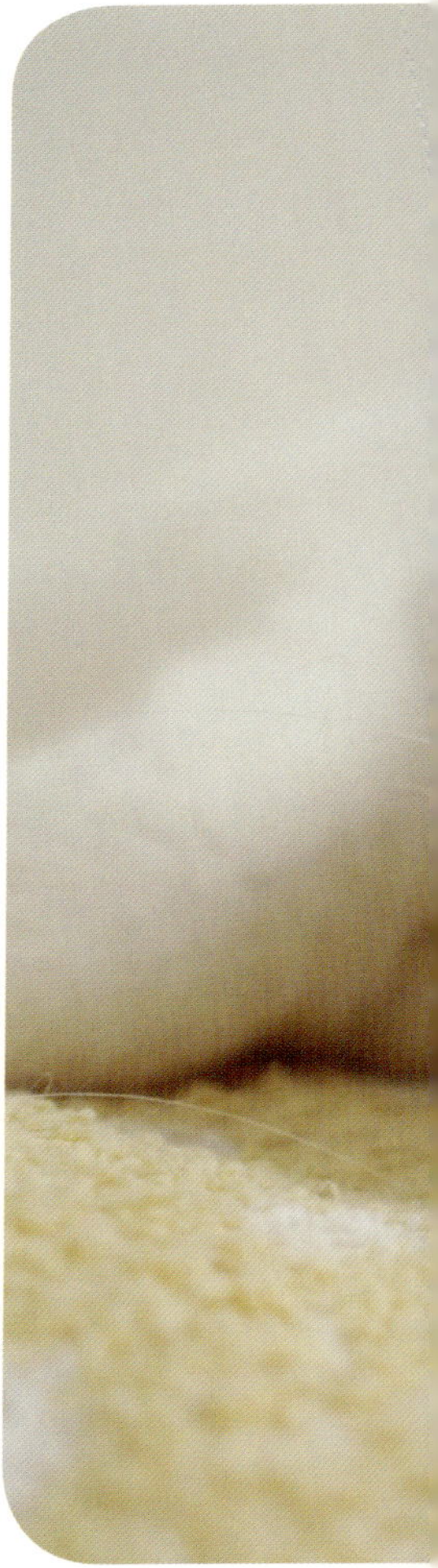

赤ちゃんは、
笑ったり、
泣いたり、
おっぱいもらったり、
抱っこしてもらったり、
おしめ代えてもらったり、
全部人に面倒をみてもらってるけど、
それでも、みんなから愛されている。
これが、ヒトのキホン。
これが、がんばらなくても、
愛されているってこと。

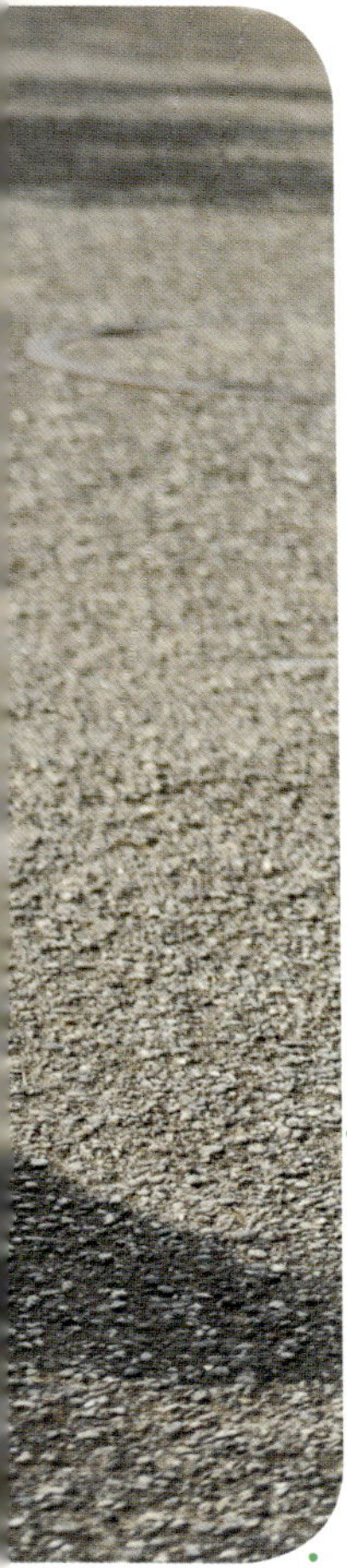

すごそうに見える人が、
すごいとは限らない。

「人脈がすごい」とか、
「業界でナンバーワン」とか、
「年収がすごい」とか……。
「すごい人」＝「正しい人」＝
「幸せな人」って、
うっかり勘違いしてしまう。
うっかりついていきそうになる。

「自分は、それができなくても大丈夫」
そう信じられることが、自信ということ。

自分の中に
「ない」ものを探すんじゃなくて、
「ある」ものを探してみて。
びっくりするくらい
自分には「ある」って気がつくから。

大丈夫、
「ない」と思っても、あるから。

自分にあれがない、これもないって
ないものねだりをすると、
自分は「ない」ことだらけ。
でも、あれもある、これもあるって
見つけていくと、
実は「ある」ことだらけだって
気がつくよ。愛情もお金もね。

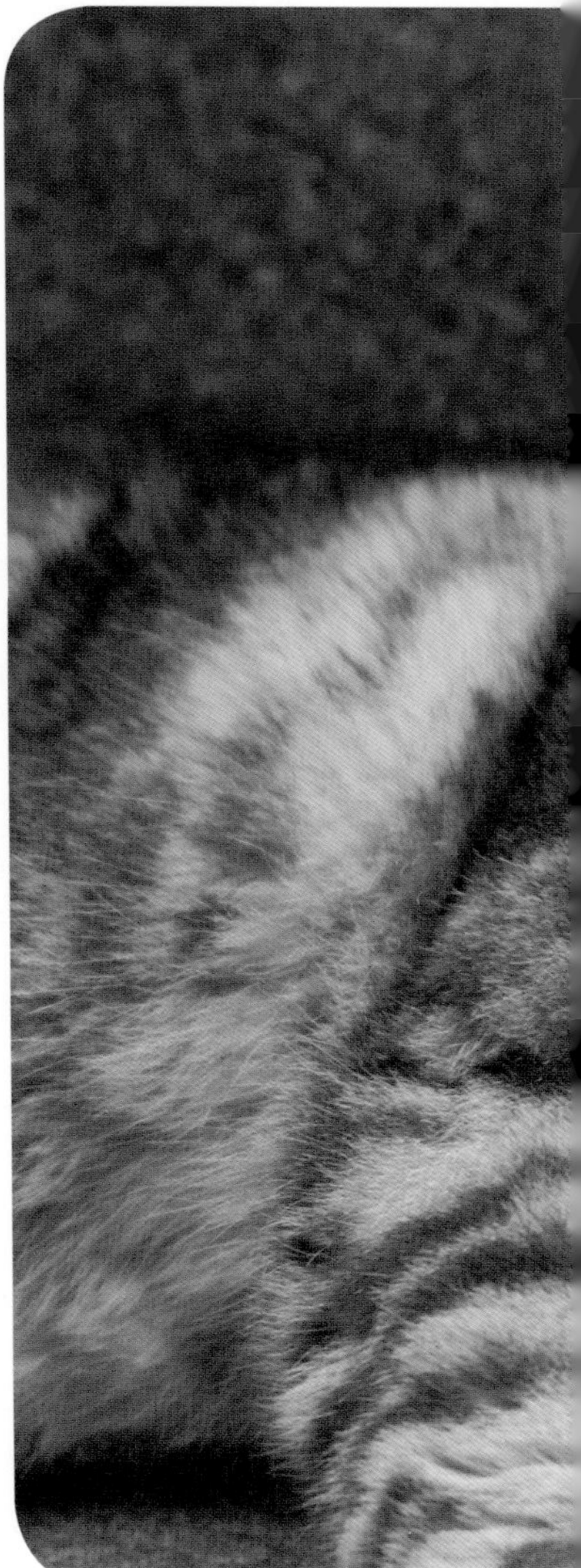

鍛《きた》えない勇気、
学ばない勇気、
がんばらない勇気、
期待に応《こた》えない勇気。

幸せになるのに、
条件なんていらない。
自分は幸せだって、
知っている人が、
幸せなんだよ。

感謝ぶりっこ、
謙虚ぶりっこ、
できない子ぶりっこ、
被害者ぶりっこ……。
そんな、
かわい子ぶりっこしてないで、
「私は幸せ者です！」って
きっぱり宣言したらいい。

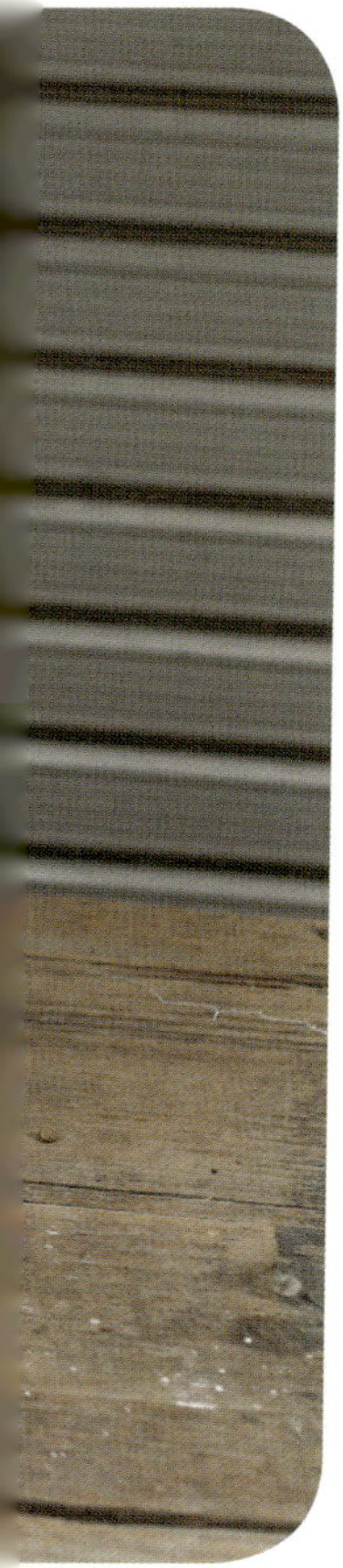

「私、無理！」
「私、したくない！」
「そんなの私、知らん！」

この言葉を、
何度も何度も
つぶやいてごらん。
だんだん笑えてくるから。

悩みや問題は、
向こうからやってくるのではなく、
自分がつくっている。

誰かのように、なろうとしなくても、いいよ。
誰かを喜ばせようとしなくても、いいよ。
ムリしなくても、いいんだよ。

人生がうまくいかないときは、逆のことをやっているってこと。

「いい」と信じてきたことをやってきた結果、
今が幸せじゃないなら、
自分が信じてきた「いい」は、間違っているってこと。
だったら、その逆をすればいい。
怠けろ、さぼれ、遊べ、迷惑かけろ、ひんしゅくを買おう！

「やってはいけない」
「やらなくてはいけない」は、
地獄をつくり、
「やっても、やらなくてもいい」は、
天国をつくる。

「これをしちゃダメ！」っていうタブーは誰でもある。
でも「これはダメ」って限定しないで「どれでもいい」に変えてみる。
「これは間違っている」って責めないで「どれも間違っていない」に変えてみる。
「嫌われてはいけない」って怯《おび》えないで「嫌われてもいい」に変えてみる。
これだけで、
現実はがらっと変わる。

私は、すでに幸せ!!

「私は幸せ」って決めたら、幸せになれる。
何もしなくても、何もできなくても、
うまくいってても、うまくいってなくても、
丸ごと幸せ。
あなたの心を遮《さえぎ》るものは、本当は何もない。

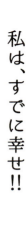

ど、どうぞ、このネコの手、
使ってやってくだせぇ……。

第4章 もっと愛されてもいい

「がんばらない」って、
とてつもない勇気がいること。
「自分は大丈夫」って、
信じる勇気をもつことだから。
「がんばる」ことに、
逃げるな。

自分の可能性を信じない人は、
「がんばる」ことや
「努力」することに逃げる。
でも、がんばることを、
美徳にしてはいけない。
がんばることを、
義務にしてはいけない。
なぜって、がんばらなくても、
あなたは素晴らしい結果を
手に入れられるんだから。

なんか知らんけど、
うまくいったんです。
それが、なにか？

「正しい」より、「楽しい」を選ぶ。

どうすれば怒られないか、笑われないか、うまくいくか、
失敗しないか……。
そうやってみんな、
自分の「正しい」と思うことを選んでいるけど、
魅力的な人って、正しい人より、
楽しくて面白い人、じゃない？

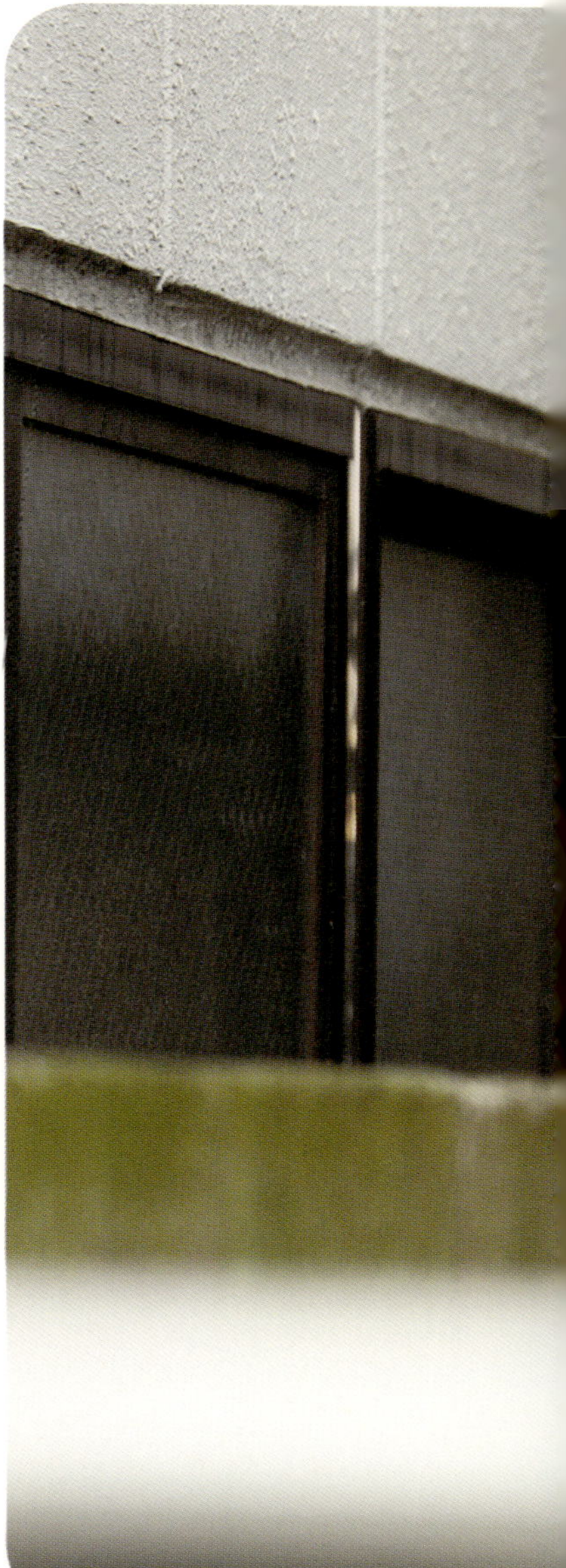

あなたが誰かの役に立ちたいと思っていたら、
周りの人は、「役立たず」のほうが、都合がいい。
ということは……。

あなたが誰かの役に立とうとすればするほど、
周りの人は「役立たず」になっていくんだよ。

「お母さんを、助けたい」
もうその気持ち、捨てちゃおう。
あの人は、大丈夫。

「お母さんは、幸せそうじゃなかった」

「お母さんは大変そうだった」

だから、お母さんを助けたかったけど、
できなかった……。

なんて思っている人、いない？

それこそが、罪悪感の正体。

そしてそれは、単なる思い込み。

お母さんに「幸せ？」って聞いてごらん。

「あら失礼ね、ずっと幸せよ」って、
きっと言うから。

「お金がないから、
旅ができない」
なんて言ってたら、
お金も旅も、
永遠に手に入らないよ。

「正しいこと」と、
「好きなこと」は、違います。
「間違っていること」と、
「嫌いなこと」も、違います。

孤独は、誰もが感じるもの。
孤立は、自分がつくり出すもの。

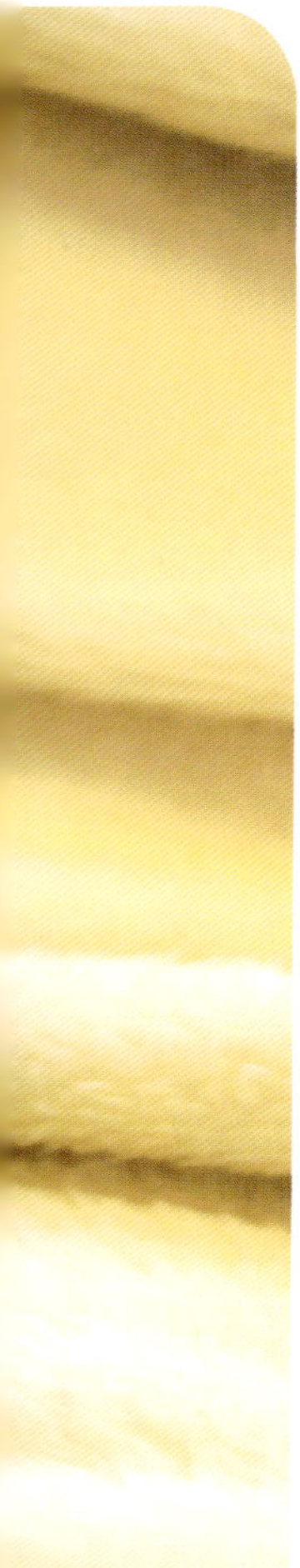

そんなに深刻な顔していても、
うまくいかないときは、
うーまーくーいーかーんーぞー。

好きなことをしようとするとき、
つい、周りの人の目を気にしてしまう。
そのくせ、
周りの人が好きなことをしていると、
なんだかザワザワしてしまう。

かわいいのは、
かわいくしてるから。
勝手にそうなったんじゃなくて、
そうしてるの。
自分がしていることが、
現実ってこと。

自分らしく生きてない人は、
自分らしく生きている人のことを、怒る。

「他人中心」に生きている人は、
「自分中心」に生きている人に、腹が立つ。
だって、なんだか楽しそうだから。
すごくうらやましくて、怒る。
そして、自分とは違う生き物を見ているようで、
怖くて怒るんだよ。

なんか知らんけど、幸せモノです。

ほしいものを手に入れることも、
願いが叶うことも、
幸せになることも、
根拠なんて必要ない。

いつまで拗ねてるの〜！

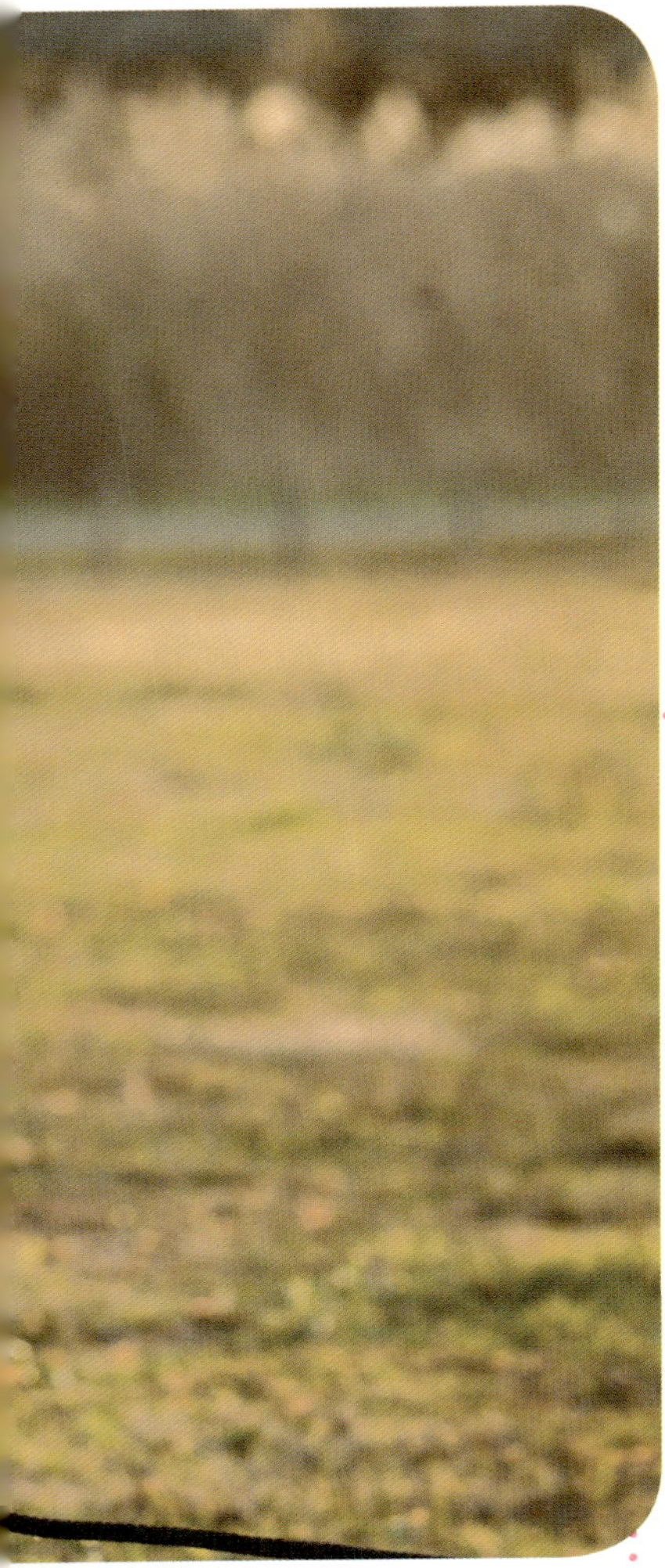

「もっと、大事にしてよ！」
「もっと、私の気持ちをわかってよ！」って、
素直に言えないから、つい拗ねちゃう。
ケンカしたあとの、「ごめんね」って言うときの、
あの気まずさや、恥ずかしさに似ている。
恥ずかしくても、
ちょっと勇気を出して言ってみよう。
「大事にしてほしかったの」って。

言ってみよう。

言いにくくても、言ってみよう。

「それが言えないから、困ってるんです！」

「そんなこと言ったら、嫌われます」

そう思っているなら、
なおさら言おう。

自分を、せめる。
自分を、ほめる。

「せ」と「ほ」。
一文字違いで、大違い。

傲慢《ごうまん》は×。
謙虚は○。

そんなふうに
決めつけてるあなたこそ、
傲慢なんだよ。
イヒヒ。

大事なのは、
どうしたいか。
「で、今からどうするか」

こんな自分ではいけない、
でも、あんなに立派にはなれない……。
と、僕たちは勝手に
「今」と「未来」を否定する。

「結局、どうすればいいんですか!?」

「あなたはどうしたいの?」

それが答え。だから……。

「知・ら・ん・が・な」

なるべく傷つかず、
損しない方法を選んでも、
傷ついて、損することもある。
でも、みんなどうにかなるんだよ。
悩んでいるほうが、よっぽど損。
他人は知らんがな。
だから好きにしてみよう。

堂々と、生きよう！

堂々と生きられない自分のまま、

堂々と生きよう！

あら、
昨日はいいお魚を
食べたようね。

ネコと犬とワタシの物語

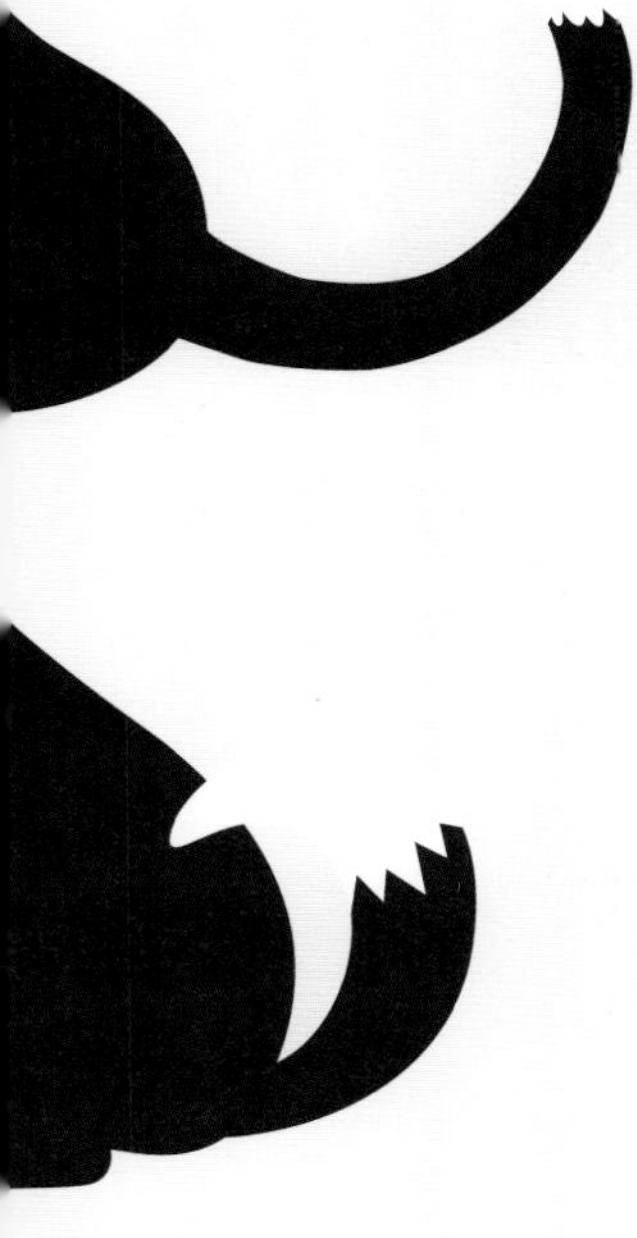

ワタシね、犬のマネして生きてみたことがあったの。

犬がうらやましかったから。
飼い主さんは、お散歩に行くとき、
しっぽをフリフリさせる犬を嬉しそうに見てた。

だからワタシ、やってみたの。
ホントは、木登りしたいのに、フリスビーを追っかけてみたの。
ホントは、ぼんやり日向《ひなた》ぼっこしていたいのに、庭を駆け回ってみたの。

そしたら、飼い主さんは、喜んでくれた。

いっぱい、撫《な》でてくれた。
いっぱい、ご飯くれた。
いっぱい、抱っこしてくれた。
いっぱい、エライぞ！って褒めてくれた。

でもね、
ほんとうは、イヤだったの。
ほんとうは、すごくつらかったの。
でも嫌われるのが怖くて、
やめられなかったの。

ある日、思ったの。
ワタシ、何やってるんだろうって。

ワタシ、ネコだもん……。

ワタシ、ネコだから、
やめたの。
飼い主さんを楽しませたくて、喜ばせたくて、
いっぱいやったこと、全部やめたの。

そしたらね、
そしたらね……。

飼い主さんは、もっとかわいがってくれた。
もっと大事にしてくれた。
ワタシは、もっと幸せになれたの。

ワタシが、ワタシらしく。
ネコが、ネコらしくいられたの。

ワタシ、ネコでよかったんだ。

「キミが、うらやましい」
ある日、犬にそう言われたの。

寝て、起きて、ご飯食べて、「にゃ～」って甘えてるだけなのに、
いつも飼い主さんにかわいがってもらって、いいねって。
わがまま言って、ネコパンチしても、いつも笑ってもらって、いいねって。
柱をガリガリしたり、粗相《そそう》をしても、「仕方がないわね～」って、
いつも許してもらって、いいな……って。

犬は言うの。
ボクなんて、ご飯食べるときは、いつも「おあずけ」されて、
その上「お手」までしなくちゃいけないいんだよ。
嬉しくってワンワンって喜んだら、「うるさい」って怒られた。
悲しくってクンクンって泣いたら、「静かにしなさい」って怒られた。
ボクはそうやっていつも「しつけ」されるんだよ……。

そうか。
犬も大変だったんだね。イヤなことがあったんだね。
そうか。
犬もワタシも、
いいことも、イヤなこともあるんだね。

キミは、キミでいいんだ。
ワタシは、ワタシでいいんだ。

キミにしか、できないことがあって、
キミには、逆立ちしてもできないことがあって。
ワタシにしか、できないことがあって、
ワタシには、とてもできないことがあって。

でも、これでいいんだね。

ねぇ、あなたは、何をガマンしてるの？
ねぇ、あなたは、ホントは何がしたいの？
ねぇ、あなたは、何をわかってほしいの？

もっと自由にやっていいんだよ？
もっとわがまま言っていいんだよ？

わがまま言っても、言わなくても、
がんばっても、怠けてても、
我慢しても、自由にしてても、
嫌われるときは、嫌われるんだ。
好かれるときは、好かれるんだ。
認められるときは、認められるんだ。

え!?
それはキミがネコだからそうなんだって?

あたりまえじゃない、
ワタシ、ネコだから、好かれるの。

あなただって、
「あなた」だから、好かれるんだよ。

ワタシ　ネコ。
ワタシ　ネコ。
わたし、猫。

写真協力

〈ねこ休み展〉

「ねこ休み展」は、プロ・アマ問わず人気の猫クリエイターが集結する合同写真&物販展。TwitterやInstagramで人気を集める有名猫も数多く登場し、SNSフォロワー数は累計100万人超え。来場者数は、地方巡回展も合わせて累計10万人を突破！ 東京・浅草橋では夏、冬と年2回の本祭を開催。

JOE：P10、P17、P39、P93、P114、P158、P184
punkuma：P13、P14、P54、P71、P88-89、P105、P118-119、P140、P172-173、P174
SANCHELOVE：P9、P29、P124、P125、P150
あおいとり：P22、P81、P82、P106、P138、P151
Taco：P96、P128、P155
rojiman：P75、P142
matsumotoooooo：P67
kiyochan：P83、P131
もこつくてけこ：P113
mami：P43
ゆりあ：P161

沖昌之：P18、P25、P30、P34、P37、P41、P46、P49、P50、P52、P57、P61、P64、P68、P78、P87、P90、P99、P102、P110、P117、P121、P122、P127、P132、P134、P137、P146、P149、P152-153、P156、P162、P165、P171、P177、P180

アクセント：P21、P26、P45、P62、P94、P178

水野浩志：P166、P168

PIXTA：P59、P76-77、P84、P100、P144、P188

amanaimages：P33、P72、P109、P183、P187

心屋仁之助 こころやじんのすけ

心理カウンセラー。兵庫県生まれ。「自分の性格を変えることで問題を解決する」という「性格リフォーム」心理カウンセラー。現在は京都を拠点として、全国各地でセミナー活動やカウンセリングスクールを運営。独自の「言ってみる」カウンセリングスタイルは、たったの数分で心が楽になり、現実まで変わると評判。おもな著書に『「めんどくさい女」から卒業する方法』『ダメなあいつをなんとかしたい！』『ゲスな女が愛される。』（以上廣済堂出版）などあり、著書は累計300万部を超える。

下の写真は智子夫人と、愛猫のシーニャ。シーニャは著者のブログに度々登場し、いつの間にかファンもできるほどの人気に。2人に見守られながら2015年に他界する。

公式ホームページ「心屋」で検索
http://www.kokoro-ya.jp/

公式ブログ「心が　風に、なる」
http://ameblo.jp/kokoro-ya/

装丁＊高瀬はるか
本文デザイン＊ツカダデザイン
カバー写真＊JOE
編集協力＊三浦たまみ
担当編集＊真野はるみ（廣済堂出版）

ネコになってしまえばいい

2016年10月10日　第1版第1刷
2016年10月25日　第1版第2刷

著者　心屋仁之助
発行者　後藤高志
発行所　株式会社 廣済堂出版
〒104-0061 東京都中央区銀座3-7-6
電話 03-6703-0964（編集）
03-6703-0962（販売）
Fax 03-6703-0963（販売）
振替　00180-0-164137
URL　http://www.kosaido-pub.co.jp
印刷・製本　株式会社 廣済堂

ISBN 978-4-331-52057-4 C0095